Haya Alayadi

O Livro Conciso de Economia da Saúde

Haya Alayadi

O Livro Conciso de Economia da Saúde

ScienciaScripts

Imprint
Any brand names and product names mentioned in this book are subject to trademark, brand or patent protection and are trademarks or registered trademarks of their respective holders. The use of brand names, product names, common names, trade names, product descriptions etc. even without a particular marking in this work is in no way to be construed to mean that such names may be regarded as unrestricted in respect of trademark and brand protection legislation and could thus be used by anyone.

Cover image: www.ingimage.com

This book is a translation from the original published under ISBN 978-3-659-88880-9.

Publisher:
Sciencia Scripts
is a trademark of
Dodo Books Indian Ocean Ltd. and OmniScriptum S.R.L publishing group

120 High Road, East Finchley, London, N2 9ED, United Kingdom
Str. Armeneasca 28/1, office 1, Chisinau MD-2012, Republic of Moldova, Europe
Managing Directors: Ieva Konstantinova, Victoria Ursu
info@omniscriptum.com

Printed at: see last page
ISBN: 978-620-8-59225-7

ÍNDICE DE CONTEÚDOS

Capítulo 1 **4**

Capítulo 2 **10**

Capítulo 3 **17**

Capítulo 4 **25**

Capítulo 5 **34**

Capítulo 6 **41**

Capítulo 7 **48**

Agradecimentos

À minha mãe e ao meu pai,

À minha família, pelo seu apoio e confiança abençoados.

A todos os desafios que atravessei no meu caminho, eu digo:

"Olá, e aqui vamos nós...

Deixem que a viagem do sucesso os informe [A New Achievement]"

Introdução

Todos os governos têm como objetivo promover a saúde dos seus cidadãos; a proporção do produto interno bruto atribuída à saúde prova a importância da saúde dos cidadãos. No entanto, a promoção da saúde não tem apenas a ver com a quantidade de dinheiro. Outros factores, como os indicadores epidemiológicos, as prioridades políticas e os recursos disponíveis, devem ser considerados no planeamento da promoção da saúde.

Para promover a saúde, uma abordagem essencial é a comunicação multissectorial, que será discutida no Capítulo Cinco. Por conseguinte, a ciência deve interagir e gerar especialidades precisas que clarifiquem o papel destas interações, como a economia da saúde.

Este livro é um guia para ver a saúde de diferentes perspectivas. A visão da saúde a partir de várias perspectivas permite aos leitores compreender o papel de cada fator de saúde, conduzindo a um melhor planeamento da saúde. Neste livro, será analisado o papel da economia na saúde e a sua relação com o nível de doença. Este livro abordará também o potencial da utilização da economia como instrumento de promoção da saúde, reduzindo o nível de doença nas comunidades e melhorando a qualidade de vida.

Este livro é dirigido a todas as pessoas que queiram alargar os seus conhecimentos. Não requer formação profissional nos domínios médico e financeiro.

CAPÍTULO I
VISÃO GERAL DA ECONOMIA

Compreender os princípios da economia ajudará a compreender o papel da economia na saúde e nos cuidados de saúde. Por conseguinte, este capítulo descreve o seguinte;

- A economia como ciência
- Domínio da economia
- Fundamentação da economia
- Modelos económicos

A economia como ciência

Como qualquer outra ciência, a economia é um termo amplo com múltiplas definições. Rutherford (1996) definiu a economia a partir de uma perspetiva financeira. Haycox (2009) definiu-a como a ciência da escassez. Ambas as definições descrevem a economia como o estudo das forças que afectam a oferta e a procura, a escassez e os recursos.

Outras definições de economia estão relacionadas com os comportamentos humanos, como a de Harper (2001): a economia é a ciência social que se ocupa da análise da produção, distribuição e consumo de bens e serviços. Também tem sido definida como o estudo do comportamento humano relativamente a escolhas alternativas, estudadas através da análise das relações entre serviços finais, produtos e escassez (Robbins, 1932). Outra definição é o estudo da utilidade da escassez para as sociedades na produção e distribuição de produtos valiosos (Samuelson, 1948).

Neste livro, será utilizada a definição de Mark Blaug (2007): a economia é o ramo das ciências sociais que se ocupa da produção, distribuição e consumo de produtos ou serviços. Em suma, a economia tem a ver com a escassez e a limitação de recursos e com os comportamentos que utilizam a escassez para satisfazer a procura não satisfeita. É também uma reflexão sobre a relação entre a oferta e a procura e as forças que as influenciam (Blaug, 2007).

Domínio da economia

A ciência económica influencia outros sectores da vida e da sociedade. O imperialismo económico refere-se ao emprego da análise económica em sectores não económicos, como a política, a saúde, o direito e quaisquer outros sectores (a análise económica das questões de saúde será abordada no Capítulo 3) (Blaug, 2007).

Para compreender o domínio da economia, o estudo da economia pode ser dividido em microeconomia e macroeconomia, sendo que cada subdivisão inclui factores que a afectam. É importante identificar os factores em cada ramo, uma vez que facilitam a gestão de recursos e a identificação de escolhas e alternativas e, por conseguinte, a tomada de decisões (Mankiw, 2014; Varian & Repcheck, 2010).

A microeconomia é o ramo da economia que trata dos comportamentos ou decisões dos indivíduos ou das empresas que se baseiam na limitação dos recursos. Eventualmente, estas interações formam um sistema de mercado. Um sistema de mercado existe onde os artigos são comprados e vendidos. A microeconomia trata principalmente do custo dos artigos e da estimativa do preço dos bens, que, por sua vez, afectam a oferta e a procura (Varian & Repcheck, 2010).

A macroeconomia, por outro lado, é a soma das actividades económicas totais num sistema de mercado. Estuda indicadores de mercado agregados e tem uma perspetiva mais ampla do que a microeconomia. A macroeconomia trata do crescimento de uma sociedade, dos rendimentos e despesas nacionais, dos investimentos, da poupança e muito mais. Por conseguinte, é também uma forma de estudar as interações entre diferentes sectores (Mankiw, 2014).

Para além dos domínios económicos, existem outros sectores em que a ciência económica é aplicável. Tal como indicado pelo imperialismo económico, a economia tem uma vasta gama de domínios aplicáveis. De facto, a compreensão contemporânea da economia indica que a ciência económica pode ser aplicada a domínios ilimitados (Lazear, 1999).

Fundamentação da economia

A lógica subjacente ao estudo económico é, mais uma vez, a escassez. Os recursos limitados e a procura ilimitada em muitos sectores tornam necessário determinar a utilização mais eficiente desses recursos, ou seja, maximizar a produção com um input fixo e limitado. A economia é fundamental para a tomada de decisões e permite a consideração de diferentes escolhas que afectam o bem-estar individual ou social (Blaug, 2007; Lazear, 1999).

A utilização da teoria económica para tomar decisões requer várias etapas. Em primeiro lugar, os modelos económicos conceptuais comportamentais são aplicados à situação para prever as respostas. Estas previsões permitem prever o resultado de uma decisão. Por exemplo, um modelo concetual económico social pode indicar os possíveis efeitos de uma política governamental numa determinada sociedade (Lazear, 1999).

O segundo passo é a utilização de análises estatísticas para investigar diferentes alternativas. Um exemplo é a realização de uma análise económica global da saúde para determinar a melhor intervenção para uma situação específica. Isto conduziria a uma utilização eficiente dos recursos, indicando a solução menos dispendiosa e, mais importante ainda, a mais eficaz para um problema de uma sociedade específica (Kaplan & Bush, 1982).

Modelos económicos

Existem muitos modelos económicos. Este livro não os descreverá a todos. Em vez disso, descreverá os modelos que são pouco utilizados na economia da saúde. Apresenta também uma visão geral dos modelos económicos.

Os modelos fornecem um quadro para a compreensão e ajudam na previsão. Permitem igualmente a aplicação de conceitos teóricos a situações quotidianas. Os modelos são também uma forma de ilustrar um sistema complexo, o que também ajuda na tomada de decisões (Eiselt, Laporte, & Thisse, 1993; Koopmans, 1950).

Os modelos económicos são quadros que ilustram os processos económicos. Facilitam a compreensão das teorias económicas e permitem testar a relação entre uma série de variáveis através de uma técnica lógica ou quantitativa. Normalmente, propõem parâmetros fundamentais. Um modelo pode ter um conjunto de parâmetros que, se forem alterados, conduzirão a resultados diferentes. Além disso, os modelos são desenvolvidos com base em hipóteses testadas para provar ou refutar teorias. Isto significa que estes modelos podem ser considerados como quadros válidos (Gale, 1989).

Os modelos económicos são classificados de acordo com as variáveis que incluem e excluem. Duas classificações principais são os modelos determinísticos e probabilísticos (Eiselt et al., 1993; Mian, 2011).

As variáveis num modelo determinístico têm uma relação matemática com um resultado previsível; ou seja, uma relação definida entre variáveis conhecidas produz um resultado definido, sem a possibilidade de variação aleatória. Um exemplo de um modelo determinístico é uma reação química (Mian, 2011).

Por exemplo

$$2H_2 + O_2 > 2H_2O$$

Esta equação descreve as duas moléculas de água (H_2O) que são produzidas quando duas moléculas de hidrogénio (H_2) reagem com uma molécula de oxigénio (O_2). Não há qualquer hipótese de resultar desta reação outra molécula que não a água. Por outras palavras, num modelo determinístico, uma dada entrada ($H2 + O_2$) gera sempre a mesma saída (H_2O), sem possibilidade de erro.

Os modelos determinísticos são úteis para a gestão de processos e resultados sistemáticos e permitem também a formação de hipóteses e previsões, que possibilitam o planeamento futuro. Isto é feito testando diferentes variáveis e prevendo o resultado. Uma previsão é definida como uma suposição que responde à pergunta "e se?" (Guilford, 1942).

Por outro lado, um modelo probabilístico é uma descrição matemática de fenómenos aleatórios. Também pode ser definido como uma análise estatística que estima um resultado com base em dados anteriores (históricos) (Mian, 2011).

Ao contrário dos modelos determinísticos, os modelos probabilísticos incluem a variável da aleatoriedade. Por conseguinte, um modelo probabilístico pode produzir resultados diferentes mesmo quando os dados iniciais são os mesmos; existem elementos de incerteza. Isto implica a possibilidade de resultados alternativos (Mian, 2011).

Por exemplo

$$X = Y Z + + \textit{Erro aleatório}$$

Uma equação matemática probabilística inclui normalmente uma componente determinística ($X = Y + Z$). No entanto, a adição da componente de erro aleatório significa que um modelo determinístico e um modelo probabilístico para a mesma situação produziriam resultados diferentes, a menos que a componente de erro aleatório (ou acaso) seja zero. Nesse caso, o modelo é, de facto, um modelo determinístico e não probabilístico. Um modelo probabilístico permite prever o valor de X. No entanto, não determina definitivamente o valor de X devido à componente de acaso ou incerteza.

Estas são as duas principais classificações dos modelos económicos. Existem também submodelos em cada categoria (determinísticos e probabilísticos).

Conclusão

Este capítulo demonstrou que:

- A economia é uma ciência cujo estudo principal é a escassez e a afetação de recursos escassos.

- A principal utilização da economia é fornecer dados para ajudar na tomada de decisões.

• O imperialismo económico refere-se à aplicação da ciência económica a outros sectores da ciência ou das ciências sociais.

• Os modelos económicos, tal como os modelos de outras ciências, são um guia para compreender situações da vida real.

Referência

Blaug, M. (2007). Os teoremas fundamentais da moderna economia do bem-estar, contemplados historicamente. *História da Economia Política, 39*(2), 185.

Eiselt, H. A., Laporte, G., & Thisse, J.-F. (1993). Modelos de localização competitiva: A framework and bibliography. *Transportation Science, 27*(1), 44-54.

Gale, D. (1989). *The theory of linear economic models.* Imprensa da Universidade de Chicago.

Guilford, J. P. (1942). Fundamental statistics in psychology and education.

Harper, D. (2001). Dicionário etimológico em linha.

Haycox, A. (2009). 6 What Is Cost-Minimization Analysis? *Da teoria à prática,* 83.

Kaplan, R. M., & Bush, J. W. (1982). Health-related quality of life measurement for evaluation research and policy analysis. *Health Psychology, 1*(1), 61.

Koopmans, T. C. (1950). *Statistical inference in dynamic economic models (Inferência estatística em modelos económicos dinâmicos).* Wiley.

Lazear, E. P. (1999). *Economic imperialism.* National Bureau of Economic Research.

Mankiw, N. (2014). *Princípios de macroeconomia.* Cengage Learning.

Mian, M. A. (2011). *Economia de projectos e análise de decisões: modelos determinísticos* (Vol. 1). Pennwell Books.

Robbins, L. (1932). A natureza e o significado da ciência económica. *The Philosophy of Economics: An Anthology,* 73-99.

Rutherford, M. (1996). *Institutions in economics: the old and the new institutionalism.* Cambridge University Press.

Samuelson, P. A. (1948). Consumption theory in terms of revealed preference. *Economica, 15*(60), 243-253.

Varian, H. R., & Repcheck, J. (2010). *Intermediate microeconomics: a modern approach* (Vol. 6). WW Norton & Company Nova Iorque, NY.

CAPÍTULO II
PRINCÍPIOS DE SAÚDE

Para perceber a economia da saúde, é fundamental compreender as diferentes definições de saúde e a transformação da perceção da saúde ao longo do tempo, que este capítulo esclarecerá;

- A definição de saúde
- Modelo biomédico de saúde
- Modelo biopsicossocial de saúde
- A abordagem centrada na pessoa na saúde
- O modelo de capacidade
- Ilustrando a diferença entre saúde e cuidados de saúde

A definição de saúde

A definição de saúde tem evoluído ao longo do tempo, com diferentes definições provenientes de diferentes perspectivas. Alguns podem definir a saúde como a ausência de doença, enquanto outros a vêem como um reflexo da qualidade da relação com os outros (Bonita, Beaglehole, & Kjellstrom, 2006; Porta, Greenland, Hernan, Silva, & Last, 2014). No entanto, antes de definir saúde, pode ser prático definir primeiro o que se pode opor a ela - doença, enfermidade e doença - e depois distinguir entre eles. A título ilustrativo, a doença pode ser definida como uma entidade patológica nomeada, diagnosticada através de um teste com marcadores bioquímicos, sinais e sintomas clínicos. No entanto, os sintomas são subjectivos e surgem em relação aos sentimentos ou à resposta de um indivíduo (Bonita et al., 2006; Naidoo & Wills, 2009). Assim, ter uma doença não é necessariamente o mesmo que sentir-se mal (doença). Além disso, a "doença" depende das percepções culturais e sociais da saúde ou da forma como o indivíduo com uma doença reage no seu ambiente circundante (Naidoo & Wills, 2009).

Podem ser utilizados três modelos diferentes para perspetivar a saúde: um modelo biomédico, um modelo biopsicossocial e um modelo de capacidades. É importante reconhecer o ponto de vista de cada modelo e identificar a forma como os modelos se podem relacionar ou complementar. Isto permite uma melhor compreensão da saúde.

Modelo biomédico de saúde

O modelo biomédico de saúde encara a saúde na perspetiva da liberdade em relação à doença; por conseguinte, o seu foco está nos factores biológicos. Assim, exclui os factores a montante que podem contribuir para a falta de saúde, incluindo os factores psicológicos, sociais e económicos (Engel, 1977; Porta et al., 2014). O seu foco é limitado principalmente a tópicos médicos, que incluem a patologia, a fisiologia e os mecanismos bioquímicos que contribuem para a doença. Centra-se em órgãos específicos que são afectados por determinadas doenças ou condições (Engel, 1977).

Consequentemente, o modelo biomédico é criticado por ser reducionista, uma vez que considera os mais pequenos denominadores comuns (por exemplo, as células) em vez de ver como os diferentes aspectos da saúde se articulam. A sua visão limitada da saúde e da doença pressupõe que cada doença tem uma causa subjacente específica e que, se essa causa for eliminada, os indivíduos ficarão livres de doenças. Além disso, o seu enfoque nas ciências biomédicas levou-a a abordar factores técnicos e clínicos, ou seja, a objetivar os indivíduos e a tratá-los como máquinas e não como participantes activos (D Locker, 1988; Robinson, Baker, & Gibson, 2014). Isto é melhor descrito pelo conceito de iatrogenia social de Illich (Illich, 1976), que vê a doença como um resultado da medicina que negligencia a verdadeira razão do sofrimento.

Assim, no modelo biomédico, o corpo e a mente são vistos separadamente; além disso, esse modelo centra-se no tratamento da doença que é uma consequência de uma doença diagnosticada. Uma vez que o modelo biomédico se centra em factores clínicos e técnicos, é orientado para o tratamento e tende a excluir as medidas de prevenção (Locker, 1988).

Modelo biopsicossocial de saúde

O modelo biopsicossocial de saúde tem uma visão muito mais alargada do que o modelo biomédico. Teve início quando Engel (1977) questionou o modelo biomédico, defendendo o estudo das condições biológicas dentro dos seus contextos sociais e psicológicos. O modelo bio-psicossocial vai para além dos aspectos físicos e inclui factores psicológicos e comportamentais. Em termos de causalidade da doença, os comportamentos estão ligados às condições socioeconómicas e ambientais. Os indivíduos podem responder ao stress e a um estatuto socioeconómico deficiente (SES) bebendo álcool ou fumando ou adoptando comportamentos de risco, o que afectará a sua saúde (Graham, 1999). Do mesmo modo, o impacto da doença na vida quotidiana, que afectaria a participação de um indivíduo na sua comunidade, deve ser analisado e devidamente avaliado.

As críticas à definição de saúde da Organização Mundial de Saúde (OMS) referem que esta se baseia tanto no modelo biomédico como no modelo biopsicossocial (OMS, 1946, 1984). Assim, a definição de saúde da OMS é: 'Um estado de completo bem-estar físico, mental e social e não apenas a ausência de doença ou enfermidade'.

A definição da OMS vê a saúde para além dos seus aspectos físicos, abrangendo os aspectos sociais e psicológicos (Daly, Batchelor, Treasure, & Watt, 2013; OMS, 1946). Como ilustração, em vez de enfatizar a doença, as definições de saúde centram-se na saúde como uma razão para viver. Por conseguinte, esta perspetiva abrange a prevenção da doença e a promoção da saúde. Esta visão positiva exige a identificação dos determinantes a montante que podem contribuir para a saúde através da participação ativa das pessoas (Engel, 1973). As pessoas são partes interessadas neste processo de promoção da saúde e, por conseguinte, ajudam a clarificar a doença em comparação com a forma convencional utilizada para avaliar a doença (Robinson *et al.*, 2014).

Até certo ponto, o predomínio do modelo biomédico de saúde persiste porque os clínicos tendem a preferir trabalhar com dados objectivos que, na sua opinião, reduzem a possibilidade de erro ou enviesamento (Robinson *et al.*, 2014). No entanto, o modelo psicossocial tem ganho respeito entre os profissionais nos últimos anos, uma vez que os dados subjectivos também podem ser válidos e fiáveis (Laverack, 2004). Mesmo assim, esta abordagem exigirá uma mudança nas avaliações clínicas no sentido de combinar os aspectos convencionais e sociais da saúde. Isto, por sua vez, exige um maior envolvimento com os pacientes e orienta os profissionais de saúde para aplicarem as suas competências em actividades de prevenção e promoção da saúde dirigidas a toda a população (Robinson *et al.*, 2014).

A abordagem centrada na pessoa na saúde

As definições psicossociais de saúde adoptam uma visão mais ampla da saúde, considerando as consequências psicológicas, funcionais e sociais de uma doença (Daly *et al.*, 2013). Para a saúde, isto representa uma mudança da notificação de doenças, em que os indivíduos são vistos como objectos, para a inclusão dos pontos de vista subjectivos dos indivíduos. Assim, como mencionado anteriormente, os indivíduos são vistos como partes interessadas e a perspetiva de uma pessoa sobre a saúde e a doença é considerada.

A abordagem centrada no paciente ou na pessoa complementa tanto a Carta de Ottawa para a Promoção da Saúde como a Declaração de Alma-Ata. A Declaração de Alma-Ata sublinha a participação do indivíduo e da comunidade no planeamento, na organização e no controlo dos cuidados de saúde primários (OMS, 1968) e as medidas tomadas para reforçar as acções comunitárias na Carta de Otava incluem a possibilidade de o público conseguir uma melhor saúde, encorajando-o a participar na tomada de decisões, no planeamento estratégico e na implementação do plano (OMS, 1986).

Por conseguinte, esta abordagem centra-se no impacto que uma doença tem na vida quotidiana de um indivíduo, na perspetiva da pessoa e não na perspetiva de um especialista. Assim, este novo conceito de saúde exige uma nova medida que o avalie efetivamente.

O modelo de capacidade

O modelo de capacidade foi estabelecido como uma ajuda para planear e prestar cuidados de saúde e sociais a pessoas com doenças crónicas, o que implica uma capacidade limitada para se envolver em actividades normais da vida diária (Locker, 2008). A doença crónica engloba um vasto leque de doenças, mas todas partilham determinadas caraterísticas que têm um efeito a longo prazo nas pessoas e podem ter impacto na qualidade da vida quotidiana do indivíduo (Locker, 2008). A incapacidade causada pela doença crónica foi definida pela Classificação Internacional de Deficiências, Incapacidades ou Desvantagens (ICIDH) como sendo uma restrição ou falta (resultante de uma deficiência) da capacidade de realizar uma atividade de uma forma ou dentro de um intervalo considerado normal para um ser humano (OMS, 1980).

No modelo da ICIDH, a relação linear refere-se ao facto de os efeitos da condição de um indivíduo passarem linearmente da deficiência para a incapacidade, atingindo finalmente uma desvantagem, como ilustrado na Figura 1 (Locker, 2008; OMS, 1980). No entanto, este modelo foi criticado pelo facto de nem todos os indivíduos passarem da fase de incapacidade para a deficiência. Além disso, pode não haver relação entre a gravidade de uma doença e a gravidade da deficiência. Por último, este modelo foi criticado pelo seu entendimento vago da normalidade (Locker, 2008).

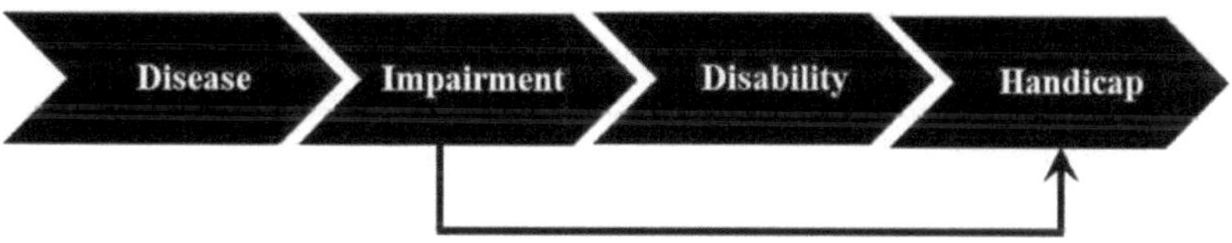

Deficiência: qualquer perda ou anomalia da estrutura ou função psicológica, fisiológica ou anatómica.

Incapacidade: uma restrição ou falta (resultante de uma deficiência) de anormalidade para realizar uma atividade de uma forma ou dentro dos limites considerados normais para o ser humano.

Deficiência: desvantagem para um determinado indivíduo, resultante de uma deficiência ou de uma incapacidade que limita ou impede o desempenho de um papel normal (em função da idade, do sexo e de factores sociais e culturais) para esse indivíduo, ou seja, as consequências sociais e psicológicas mais vastas de viver com uma deficiência.

Reproduzido de Locker D (2008) Living with Chronic illness. Capítulo em; Sociology as applied to medicine (ed. Scambier G). Saunders Elsevier Londres, p.86

Figura 2-1 Modelo de capacidade de saúde

Todas estas críticas levaram a OMS a modificar a Classificação Internacional de Funcionalidade, Incapacidade e Saúde (CIF) (OMS, 1999). As principais caraterísticas deste modelo são a revalorização do conceito de "consequências da doença" para "componentes da saúde", o que representa uma mudança do conceito de deficiência para o conceito de "incapacidade". O modelo da CIF centra-se em três aspectos principais: a estrutura do corpo e a sua funcionalidade; as actividades que podem ser afectadas pela incapacidade de um indivíduo e, por último, as condições de vida e as restrições que um indivíduo enfrenta na sua socialização. O modelo esforça-se por unir o modelo médico e o papel que o ambiente desempenha na abordagem das causas da deficiência, a fim de capacitar as pessoas com deficiência (OMS, 1999).

Ilustrando a diferença entre saúde e cuidados de saúde

A compreensão da diferença entre saúde e cuidados de saúde começa com as definições de ambas as palavras. A saúde é definida pela Organização Mundial de Saúde (OMS) como o estado de bem-estar mental, físico e social; não é apenas a ausência de doença ou deformidade (OMS, 1973). Os cuidados de saúde referem-se à manutenção e melhoria da saúde física e mental através da prestação de serviços médicos (Daly et al., 2013). Por conseguinte, os cuidados de saúde referem-se a serviços prestados. O objetivo da saúde é melhorar a saúde individual, enquanto os cuidados de saúde se referem aos serviços prestados para atingir o objetivo da saúde.

Ao combinar a saúde e os cuidados de saúde nos modelos de saúde, cada modelo aborda a saúde através do seu próprio enquadramento. O modelo biomédico aborda a saúde através de uma intervenção técnica na luta contra determinados agentes patogénicos; só se intervém se a pessoa estiver doente. O modelo psicossocial aborda a saúde através de uma intervenção mais ampla no ambiente, reformando um ambiente para o tornar mais saudável para a população. Assim, os critérios de intervenção do modelo psicossocial não incluem a doença; a intervenção pode preceder a doença. Finalmente, o modelo das capacidades aborda a saúde através da individualização da intervenção para cada paciente, garantindo a qualidade de vida.

Conclusão

Este capítulo ilustra o significado de saúde e a transformação das perspectivas de saúde A compreensão dos diferentes modelos de saúde ajuda a identificar a abordagem adequada para atingir o objetivo de saúde pretendido. Além disso, o reconhecimento da diferença entre saúde e cuidados de saúde proporciona um caminho significativo para a gestão de ambos.

Referência

Bonita, R., Beaglehole, R., & Kjellstrom, T. (2006). *Epidemiologia básica.* Organização Mundial de Saúde.

Daly, B., Batchelor, P., Treasure, E., & Watt, R. (2013). *Saúde Pública Dentária*

Essencial (SEGUNDA EDI). UNIVERSIDADE DE OXFORD.

Engel, G. L. (1977). A necessidade de um novo modelo médico: um desafio para a biomedicina. *Science, 196*(4286), 129-136.

Graham, H. (1999). Promoting health against inequality: using research to identify targets for intervention - a case study of women and smoking. *Health Education Journal, 57(4),* 292-302.

Illich, I. (1976). *Limits to medicine.* LONDRES: Marion Boyars.

Laverack, G. (2004). Promoção da Saúde: tudo depende do que entendemos por "saúde". Em *Laverack, G, Health Promotion Practice: power and empowerment* (pp. pp.16-32). Londres, Sage. Recuperado de http://resolver.shef.ac.uk/?http://cdm15847.contentdm.oclc.org/utils/getfile/collection/p15847coll1/id/9994

Locker, D. (1988). Medir a saúde oral: um quadro concetual. *Community Dental Health, 5*(1), 3-18.

Locker, D. (2008). *A sociologia aplicada à medicina.* (G. Scambler, Ed.). Elsevier Health Sciences.

Naidoo, J., & Wills, J. (2009). *Promoção da saúde: fundamentos para a prática* (3ª ed.). Elsevier Health Sciences.

Porta, M., Greenland, S., Hernan, M., Silva, I. D. S., & Last, J. M. (2014). *Um dicionário de epidemiologia.* Oxford University Press.

Robinson, P., Baker, S., & Gibson, B. (2014). *Hipersensibilidade da dentina,.* Elsevier. http://doi.org/10.1016/B978-0-12-801631-2.00001-4

OMS. (1946). *Constituição. Genebra. OMS (Organização Mundial de Saúde).*

OMS. (1968). *Declaração de Alma-Ata.* Retirado de http://www.who.int/publications/

OMS. (1980). Classificação internacional de deficiências, incapacidades e desvantagens: um manual de classificação relativo às consequências da doença, publicado em conformidade com a resolução WHA29. 35 da Vigésima Nona Assembleia Mundial da Saúde, maio de 1976.

OMS. (1984). Health promotion: a discussion document on the concept and principles: summary report of the Working Group on Concept and Principles of Health Promotion, Copenhaga, 9-13 de julho de 1984. *OMS (Organização Mundial de Saúde).*

OMS. (1999). *Classificação Internacional de Funcionalidade, Incapacidade e Saúde: CIF.* Organização Mundial de Saúde.

CAPÍTULO III
INTRODUÇÃO À ECONOMIA DA SAÚDE

Depois de discutir o significado de economia e o conceito de saúde, este capítulo apresenta uma discussão alargada sobre o conceito de saúde:

- Definição de Economia da Saúde
- Âmbito da Economia da Saúde
- Componentes da análise económica
- Diferentes classificações da análise económica

Definição de Economia da Saúde

A economia da saúde é um ramo da ciência económica que estuda a aplicação da ideologia económica à tomada de decisões no domínio dos cuidados de saúde (Folland, Goodman, & Stano, 2007). É de referir que os cuidados de saúde lidam com recursos limitados e uma procura não ajustada (Folland et al., 2007; Woolf et al., 2009).

Além disso, a economia da saúde tem como objetivo melhorar a eficácia dos cuidados de saúde e alcançar um resultado desejado, maximizando a produção com uma determinada quantidade de recursos, sem comprometer os valores dos cuidados de saúde. Pode também preocupar-se em avaliar o comportamento da construção e do consumo de cuidados de saúde (Drummond, Sculpher, Claxton, Stoddart, & Torrance, 2015; Haycox, 2009; Jensen & Mooney, 1990).

Quadro 3-1 Termos e definições

Term	Definition
Needs	A state judged as assessment by professional personal against specific criteria.
Demand	An expressed needs by individual through words or actions.
Effectiveness	The degree of achieving objectives and problem solving to a specific target.
Efficiency	The degree of output maximization with either given amount of input or input minimization.

Rattery, James. "Notas de economia: Avaliação económica: uma introdução". BMJ: British Medical Journal 316.7136 (1998): 1013

Âmbito da Economia da Saúde

O âmbito da economia da saúde estende-se a questões estatísticas relacionadas com a economia, como quando as variáveis independentes estão correlacionadas com perturbações ou erros. Esta situação pode ser designada por *endógena*. Por exemplo, num sistema de saúde pago, quando um economista da saúde prevê a procura de serviços de cirurgia plástica, o preço desses serviços é endógeno, uma vez que a alteração dos procedimentos indica uma alteração da procura e a alteração da procura alteraria subsequentemente o preço (Woolf et al., 2009).

O âmbito da economia da saúde é vasto e essencial para a tomada de decisões no domínio dos cuidados de saúde. (Woolf et al., 2009). Pode ser utilizada para medir resultados de saúde, como os anos de vida associados à qualidade (QALY), que é uma medida genérica do estado de saúde de uma pessoa ou de um grupo num determinado período de vida, como reflexo da qualidade de vida. Esta medida pode ser utilizada na economia da saúde para determinar o estado de saúde de acordo com valores monetários ou não monetários (Woolf et al., 2009).

A economia influencia os cuidados de saúde e a procura dos mesmos. Por exemplo, a investigação sugeriu que existe uma relação inversa entre a pobreza e a doença (Graham, 1999; Watt & Sheiham, 1999). Os grupos da população com baixos rendimentos têm uma maior probabilidade de contrair doenças. Além disso, quanto maior for a desigualdade numa população, maior será a distribuição da doença (Wilkinson, 2002). Nesta situação, a economia pode ser utilizada para alterar os determinantes sociais, a fim de reduzir o fosso de saúde entre os diferentes grupos sociais, reduzindo assim as desigualdades e o nível de doença numa determinada população (Woolf et al., 2009).

O âmbito da economia nos cuidados de saúde é dinâmico, uma vez que um economista pode contribuir para aumentar ou diminuir o nível de desigualdade na saúde de uma determinada população. Além disso, a situação económica de um país pode ter um impacto no estado de saúde. No que se refere à macroeconomia, o estado de saúde pode melhorar à medida que o estado económico de um país melhora, uma vez que um melhor estado socioeconómico está associado a um melhor estado de saúde (Ruhm, 2004, 2006).

Quadro 3-2 Termos e definições

Term	Definition
Variable	Refers to any condition or factor that might appear in different degrees or types.
Dependent variables	Are factors in any experiment or test that would directly affect the experiment. Usually an experiment is a reporting of changes in dependent variables.
Independent variables	Are factors in any experiment or test that would affect the dependent variable therefore in an experiment the change is performed on independent variables.
Error	An amount in statistics that refers to observing deviated values than predicted one.
Fee for service	Type of payment was health care providers are paid to each service provided.

Last, John M., ed. Um dicionário de epidemiologia. Vol. 141. Nova Iorque: Oxford University Press, 2001

Componentes da análise económica

As decisões em matéria de cuidados de saúde são geralmente tomadas hierarquizando as potenciais intervenções com base no preço e no benefício. A avaliação do preço nos cuidados de saúde tenta maximizar os benefícios para a saúde para atingir um objetivo desejado com recursos limitados (Haycox, 2009).

O custo de oportunidade é uma componente desta análise económica. Refere-se a um valor de preço atribuído à melhor alternativa. Uma das funções da análise económica é comparar vários custos de oportunidade (Cunningham, 2000). Outra componente é a *eficiência*, que se refere à minimização do input e à maximização do output. A eficiência está ligada à *equidade* ou à distribuição equitativa dos recursos (Haycox, 2009). Isto significa que a economia da saúde consiste em determinar as melhores intervenções em termos de acessibilidade e eficácia. Por conseguinte, é necessário fornecer à tomada de decisões uma base de dados que ilustre estas escolhas.

Antes de realizar uma análise económica no domínio dos cuidados de saúde, devem ser colocadas duas questões. Em primeiro lugar, as intervenções a comparar sao reconhecidamente eficazes, com base em investigação comprovada? Em segundo lugar, as potenciais opções de intervenção são aplicáveis à prática da vida real? A análise económica dos cuidados de saúde só pode prosseguir se a resposta a estas duas perguntas for afirmativa (Drummond et al., 2015).

A análise económica avalia o preço e os benefícios ou, de uma forma mais prática, equilibra as entradas e saídas. Isto ajuda a selecionar a intervenção mais adequada de acordo com dados ponderados (Drummond et al., 2015). Relativamente aos inputs, o preço é analisado de acordo com os custos diretos, indirectos e intangíveis. *O custo direto* refere-se ao preço real da intervenção ou do objeto em questão, como os materiais, as ferramentas e a remuneração da mão de obra. *O* custo *indireto* é definido como o custo que é indiretamente atribuído à intervenção ou ao objeto em questão, como o número de doentes que não comparecem ou os custos das instalações. Por último, *o custo intangível* é o preço da dor e do sofrimento de um doente se a intervenção fosse efectuada ou não, o que pode ser avaliado utilizando o QALY. Por conseguinte, o custo intangível da doença crónica seria diferente do da doença aguda (Dorfman, Samuelson, & Solow, 1958; Manski, 2000; Yarrow, 1988).

Os resultados ou benefícios podem ser divididos em três categorias. Em primeiro lugar, *as unidades naturais* (ou seja, medidas de unidades físicas, como os anos de vida ganhos por uma intervenção específica) são utilizadas em estudos de custo-eficácia. Em segundo lugar, *as unidades de utilidade,* que se referem à preferência individual por uma intervenção baseada no modelo de capacidade de saúde (discutido anteriormente no Capítulo Dois). Isto implica a preferência de um doente por um resultado de saúde específico, como os QALY. As unidades de utilidade são utilizadas em estudos de custo-utilidade. Em terceiro lugar, *as unidades monetárias* referem-se à comparação de diferentes intervenções com base apenas no preço. Por conseguinte, esta unidade pode ser utilizada na análise custo-benefício (Dorfman et al., 1958; Manski, 2000; Yarrow, 1988).

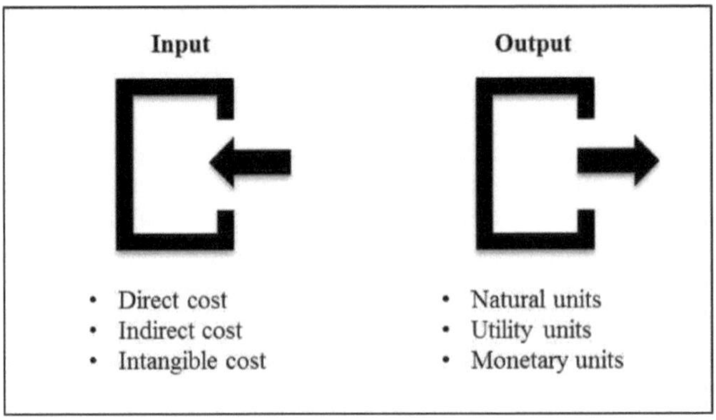

Figura 3-1 Análise económica e o equilíbrio entre entradas e saídas

Classificações da análise económica

A seleção da análise económica adequada é determinada de acordo com o objetivo pretendido da análise (Dorfman et al., 1958; Manski, 2000; Yarrow, 1988).

Existem quatro classificações principais de análise económica:

- Análise custo-eficácia (AEC)
- Análise Custo-Utilidade (CUA)
- Análise Custo-Benefício (CB A)
- Análise de minimização de custos (CMA)

Análise rentável

A AEC compara diferentes intervenções capazes de produzir o mesmo resultado desejável, maioritariamente uma unidade natural. Por exemplo, se duas intervenções forem comparadas de acordo com o número de anos de vida adicionais ganhos por um doente com doença cardíaca isquémica, a intervenção que oferecer o maior número de anos será mais eficaz do que a outra. Por conseguinte, esta análise económica pode identificar a eficácia.

Análise Custo-Utilidade

A CUA é utilizada para comparar os resultados de diferentes intervenções na perspetiva de um doente. Diferentes indivíduos valorizam a saúde ou percepcionam a doença de forma diferente. O QALY é uma unidade de utilidade que é calculada utilizando a qualidade de vida obtida por uma intervenção específica. É aprovado e utilizado pelo National Institute for Health and Care Excellence (NICE). Ao comparar indivíduos com diferentes estados de saúde, os QALYs fornecem uma pontuação ponderada que varia entre 0 e 1, em que o valor zero se refere à morte e o valor 1 se refere a um estado de saúde ótimo (Phillips & Thompson, 1998).

Análise custo-benefício

A ACB é utilizada para avaliar a eficácia da afetação de recursos, comparando diferentes intervenções de acordo com unidades monetárias, quer os recursos afectados à implementação de uma intervenção específica sejam creditados ou não. Este tipo de análise privilegia a unidade monetária em detrimento de outros custos e benefícios. Assim, no contexto dos cuidados de saúde, o critério mais importante da ACB é a comparação entre diferentes intervenções no âmbito do sistema de saúde ou fora dele, designadas por intervenções psicossociais. Isto também permite a comparação quando uma intervenção proposta tem resultados diferentes ou mesmo resultados múltiplos.

Análise de minimização de custos

A CMA pode ser considerada uma subdivisão da CEA. No contexto da saúde, a minimização de custos refere-se à identificação de determinadas eficiências de intervenção a utilizar no quotidiano através de ensaios clínicos específicos, em que as intervenções comparadas têm o mesmo resultado (geralmente resultado unitário natural). É de salientar que este tipo de análise económica é pouco frequente, uma vez que os resultados clínicos raramente são equivalentes. Esta análise é geralmente mal interpretada nos cuidados de saúde como uma simples redução de despesas, mas isso não é uma análise económica. Uma análise económica consiste em comparar diferentes intervenções a fim de fazer uma escolha adequada.

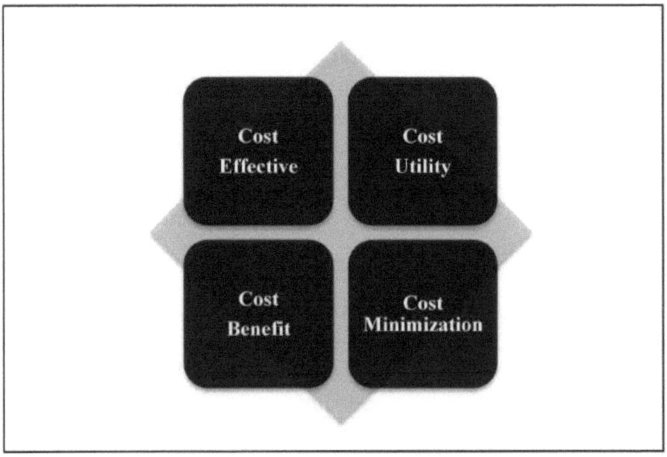

Figura 3-2 Diferentes classificações da análise económica

Conclusão

A economia da saúde é utilizada principalmente para ajudar na tomada de decisões. O seu âmbito alargado inclui a comparação do estado de saúde ou dos resultados com valores monetários ou não monetários. O âmbito também inclui o efeito dinâmico da economia da saúde e da desigualdade, uma vez que a distribuição da doença está correlacionada com a desigualdade e o estatuto socioeconómico. Além disso, se uma sociedade se concentrar na redução da doença, melhorará não só o seu estado de saúde, mas também a sua sociedade, produção e economia. Os diferentes tipos de análise económica variam de acordo com as variáveis e os objectivos envolvidos.

Referência

Cunningham, S. J. (2000). Economia: Economic evaluation of healthcare-is it important to us? *British Dental Journal, 188(5),* 250-254.

Dorfman, R., Samuelson, P. A., & Solow, R. M. (1958). *Linear programming and economic analysis.* Courier Corporation.

Drummond, M. F., Sculpher, M. J., Claxton, K., Stoddart, G. L., & Torrancc, G. W. (2015). *Methods for the economic evaluation of health care programmes.* Oxford University Press.

Folland, S., Goodman, A. C., & Stano, M. (2007). *A economia da saúde e cuidados de saúde* (Vol. 6). Pearson Prentice Hall New Jersey.

Graham, H. (1999). Promoting health against inequality: using research to identify targets for intervention - a case study of women and smoking. *Health Education Journal, 57*(4), 292-302.

Haycox, A. (2009). 6 What Is Cost-Minimization Analysis? *Da teoria à prática,* 83.

Jensen, U. J., & Mooney, G. (1990). *Changing Values in Medical and Healthcare Decision-Making.* John Wiley & Sons.

Manski, C. F. (2000). *Análise económica das interações sociais.* Gabinete Nacional de Investigação Económica.

Phillips, C., & Thompson, G. (1998). *O que é um QALY?* (Vol. 1). Hayward Medical Communications.

Ruhm, C. J. (2004). *Macroeconomic conditions, health and mortality (Condições macroeconómicas, saúde e mortalidade*). National Bureau of Economic Research.

Ruhm, C. J. (2006). Macroeconomic conditions, health and government policy.

Watt, R., & Sheiham, A. (1999). Política de saúde: Inequalities in oral health: a review of the evidence and recommendations for action. *British Dental Journal, 187*(1), 6-12.

Wilkinson, R. G. (2002). *Unhealthy societies: the afflictions of inequality [Sociedades insalubres: os males da desigualdade]* Routledge.

Woolf, S. H., Husten, C. G., Lewin, L. S., Marks, J. S., Fielding, J. E., & Sanchez, E. J. (2009). *O argumento económico para a prevenção de doenças: distinção entre valor e poupança*. Parceria para a Prevenção.

Yarrow, G. K. (1988). *Privatization: An Economic Analysis* (Vol. 18). Imprensa do MIT.

CAPÍTULO IV

PAPEL DA ECONOMIA NA SAÚDE E NOS CUIDADOS DE SAÚDE

Após a clarificação da noção de economia da saúde, o presente capítulo irá explicar como a economia desempenha um papel na saúde e na economia da saúde a nível da sociedade. Por conseguinte, este capítulo abordará;

- Factores da Macroeconomia
- Desafios dos sistemas de saúde
- Dados internacionais sobre as despesas de saúde
- O papel da economia na saúde
- Efeito das companhias de seguros no sistema de saúde

Factores da Macroeconomia

O capítulo anterior abordou os conceitos básicos da economia da saúde, incluindo a análise económica, que é realizada numa escala restrita, quer a nível individual quer a nível da empresa. O processo de análise económica contribuiria para a tomada de decisões. Isso acabaria por afetar o sistema de mercado da saúde. Isto é considerado microeconomia, que é definida como a oferta e a procura de procedimentos ou serviços a nível individual ou empresarial, afectando assim o sistema de mercado (Varian & Repcheck, 2010).

Por outro lado, o efeito cumulativo do mercado da saúde também afectaria a macroeconomia. A macroeconomia, tal como definida no primeiro capítulo, é o resultado agregado das actividades num sistema de mercado. Trata-se, mais ou menos, de um conjunto de componentes principais que afectam a economia da sociedade, principalmente: entradas-saídas, taxas de desemprego, inflação e deflação (Mankiw, 2014).

Entrada-saída

Uma vez que a macroeconomia representa a sociedade como um todo, todos os índices seriam, portanto, a nível nacional. A soma das entradas e saídas de um país num determinado período de tempo constitui uma conta nacional. Por exemplo, o Produto Demótico Bruto (PIB), que pode ser definido como cálculos monetários através da avaliação de produtos e serviços finais quantificados trimestralmente ou maioritariamente anualmente (Obstfeld, Rogoff, & Wrenlewis, 1996).

Vale a pena mencionar que o PIB nacional de qualquer país representa um instrumento de avaliação económica do desempenho desse país num ano específico.

Assim, a tendência do desempenho económico durante vários anos pode ser demonstrada através de três valores numéricos consecutivos do PIB nacional de um país (Mankiw, 2014; Obstfeld et al., 1996).

Além disso, o conhecimento do PIB nacional permite a comparação entre diferentes países, se a moeda for unificada (o PIB é maioritariamente interpretado em dólares), para analisar o desempenho de um país em comparação com o mercado internacional. Por outro lado, a manifestação do PIB a nível económico é que quanto maior for o PIB de um país, melhor será o nível económico desse país (Taylor, 2000). O PIB é calculado através de diferentes equações, sendo a mais utilizada a abordagem das despesas ao PIB,

$$PIB = C + I + G\,(X - M)$$

PIB = Consumo + Investimentos + Total das despesas públicas + Exportação líquida (Exportação - Importação

Table 5-1 Terms and definitions

Term	Definition
Export	Any goods and commodities that are transported in a legitimate manner from one country to another to be used in trade.
Government spending	The sum of government consumption investments.
Investments	Allocation of capital, expecting to derive income and profit.
Consumption	The amount of goods and services consumed through purchasing by an individual.
Import	Bringing goods or services from a foreign country, especially for trade or sale.

Raftery, James. "Notas de economia: Avaliação económica: uma introdução". BMJ: British Medical Journal 316.7136 (1998): 1013

Taxa de desemprego

A taxa de desemprego é a prevalência de pessoas desempregadas num país. É calculada dividindo o número de pessoas desempregadas pelo número total da população ativa. É também interpretada em percentagem (Darity & Goldsmith, 1996; Lindbeck, 1993).

$$Unemployment\ rate = \frac{Unemployed\ individual}{Total\ work\ force}$$

Há três classificações principais que podem ser explicadas pelo desemprego. Se os salários dos trabalhadores de um país forem elevados, a teoria clássica do desemprego propõe um aumento da taxa de desemprego, uma vez que os empregadores não contratariam como forma de excluir o excesso de despesas com salários (Malinvaud, Malinvaud, Economist, Malinvaud, & Economiste, 1985). Por outro lado, há quem defenda que salários mais elevados criariam um aumento da procura por parte dos consumidores e, por conseguinte, diminuiriam a taxa de desemprego (Taylor, 2000).

A segunda teoria do desemprego sugere uma abundância de empregos e de mão de obra, mas a taxa de desemprego aumenta durante um certo período de tempo devido à procura de vagas adequadas, o que é descrito como teoria do desemprego friccional (Malinvaud et al., 1985).

Por último, a teoria do desemprego estrutural defende a inadequação das competências necessárias aos empregos disponíveis e às competências da mão de obra. A teoria do desemprego estrutural defende que as competências necessárias não são adequadas aos postos de trabalho disponíveis e às competências da mão de obra. A teoria do desemprego estrutural surge mais obviamente quando um país se encontra numa fase transacional que exige a adaptação de novas competências que preencham plenamente o nível industrial pretendido. No entanto, tanto a teoria do desemprego estrutural como a teoria do desemprego friccional são semelhantes, com a diferença de que a teoria do desemprego estrutural supera o fator tempo da teoria do desemprego friccional (Malinvaud et al., 1985).

No que diz respeito à manifestação da taxa de desemprego na situação económica de um país, quanto mais elevada for a taxa de desemprego, pior será o seu efeito na situação económica de um país. A lei de Okun sugere que uma redução de 1% do desemprego resulta num aumento de 3% da produção. E um aumento de 1% da taxa de desemprego pode resultar numa redução de 2% do PIB. Existem controvérsias relativamente ao nível aceitável de desemprego em qualquer país: alguns economistas acreditam que 5,5 é aceitável, permitindo a possibilidade de um nível de desemprego friccional. Outros sugerem que 4,5 é uma taxa de desemprego aceitável (Prachowny,

1993).

Desafios dos sistemas de saúde

Qualquer sistema de saúde tem por objetivo alcançar a saúde, tal como definido nos capítulos anteriores. No entanto, qualquer sistema de saúde enfrenta desafios que conduzem a mudanças no mercado dos cuidados de saúde. Estes desafios incluem a rápida escalada do custo dos serviços de saúde, os serviços de saúde estão a aumentar ano após ano (OMS, 2000).

Além disso, o aumento da esperança de vida resulta da melhoria do saneamento básico, de todos os factores socioeconómicos e da mudança das principais causas de morte e de doença, das doenças transmissíveis para as doenças não transmissíveis. No entanto, certas regiões do mundo ainda enfrentam a fome e a propagação de guerras, pelo que a esperança de vida global pode diminuir por estas razões. Ou, por outras palavras, a redução da esperança de vida é um reflexo das desigualdades na distribuição da esperança de vida no mundo (OMS, 2000).

O conceito de tratamento de certas doenças durante um longo período de tempo (doenças não transmissíveis) conduz a um aumento acentuado das despesas de saúde. Por outro lado, o aparecimento súbito de doenças transmissíveis coloca qualquer país num plano de gestão de risco para evitar uma epidemia da doença transmissível, este plano de gestão de risco cria um enorme encargo para a economia do sistema de saúde (OMS, 2000).

Além disso, o aumento da procura de cuidados de saúde devido ao rápido crescimento da população e ao aumento da taxa de fertilidade. Além disso, a facilitação do acesso às companhias de seguros de saúde complicou a situação (OMS, 2000).

Todos estes desafios interagem e sobrepõem-se uns aos outros e produzem um aumento da carga sobre os sistemas de saúde que requer atenção (OMS, 2000).

Dados internacionais sobre as despesas de saúde

No âmbito do debate sobre o papel da economia na saúde, é fundamental apresentar dados internacionais que reflictam as despesas de saúde. O relatório espelho na parede, How the U.S. Health Care System Compares Internationally (2014). Este relatório representa uma atualização que selecionou onze países diferentes para comparar o sistema de saúde dos Estados Unidos.

Quadro 5-2 Despesas de saúde e classificação geral da saúde em 11 países

	AUS	CAN	FRA	GER	NETH	NE	NOR	SWE	SWIZ	UK	USA
Health Expenditure/ per capita	$ 3,800	$ 4,522	$ 4,118	$ 4,495	$ 5,009	$ 3,182	$ 5,669	$ 3,925	$ 5,643	$ 3,408	$ 8,508
Overall ranking of health	4	10	9	4	5	6	7	3	2	1	11

Reproduzido do relatório; K. Davis, K. Stremikis, C. Schoen e D. Squires, Mirror, Mirror on the Wall, 2014 Update: How the U.S. Health Care System Compares Internationally, The Commonwealth Fund, junho de 2014

*Vidas saudáveis refere-se ao número médio de anos que se espera que a pessoa viva em "plena saúde", tendo em conta os anos vividos em condições de saúde inferiores às normais devido a doença ou lesão.

Além disso, o quadro [5-2] apresenta as despesas de saúde per capita e a classificação geral do estado de saúde avaliado. A avaliação baseou-se em critérios de qualidade dos cuidados, acessibilidade, equidade, eficiência e vidas saudáveis* (Davis, Stremikis, Squires, & Schoen, 2014).

Os resultados reflectem que os Estados Unidos da América são os que mais pagam na área da saúde, ocupando o último lugar da lista. O Reino Unido foi classificado em primeiro lugar na mesma lista como o país menos pagador. No entanto, este relatório não incluiu um teste de correlação que implicasse uma relação entre o estado de saúde e as despesas de saúde (Davis et al., 2014).

Um estudo comparável semelhante foi efectuado por mim e pela minha colega Shazia Mushtaq. O nosso objetivo era testar o efeito das despesas de saúde nos indicadores epidemiológicos básicos, morbilidade, mortalidade, taxa de fertilidade, taxa de mortalidade infantil e esperança de vida. O estudo selecionou como amostra os países da região do Golfo, que são considerados países em desenvolvimento com uma economia baseada no petróleo (Alayadi, H., & Mushtaq, S., 2016). Os dados foram obtidos a partir do Banco Mundial e dos relatórios anuais do orçamento nacional de cada país no ano de 2013. As despesas de saúde são calculadas a partir do PIB dos países, com despesas de saúde per capita.

Quadro 5-3 Despesas de saúde nos países do Golfo e classificação geral da saúde a nível internacional e a nível dos países do Golfo

	SA	UAE	KWT	BAH	QTR	OMN
Health Expenditure/ per capita * 2013	$ 1,681	$ 2,233	$ 2,375	$ 1,900	$ 2,882	$ 796
Overall ranking of health Internationally * 2013	26	27	45	42	44	8
Ranking on a Gulf country level	2	3	6	4	5	1

Dados retirados do Banco Mundial, 2013

É interessante verificar que o país menos pagador, Omã, ficou classificado em oitavo lugar a nível internacional e em primeiro lugar a nível dos países do Golfo, seguido da Arábia Saudita, em vigésimo sexto, e dos Emirados Árabes Unidos, em vigésimo sétimo. Vale a pena mencionar, como mostra a Tabela [5-3], que embora o Qatar pague mais do que o Kuwait, o mesmo acontece com os EAU, que pagam mais do que o Barém. No entanto, tanto o Qatar como os Emirados Árabes Unidos estão em melhor posição, o que pode ser atribuído às melhorias psicossociais registadas nos últimos anos, que reduzem o nível de desigualdade, que é considerado, tal como referido nos capítulos anteriores, um fator na distribuição das doenças. O objetivo do estudo não era apenas observar, mas sobretudo testar a relação entre as despesas de saúde e o estado de saúde (Alayadi, H., & Mushtaq, S., 2016).

Os resultados revelaram uma forte correlação significativa entre as despesas de saúde e o nível do estado de saúde desse país. Isto reflecte que quanto mais um país gasta com a saúde, mais elevado é o número de classificações do estado de saúde, o que significa um pior nível de saúde, uma vez que a classificação é feita por ordem descendente [quanto melhor for o nível de saúde, mais baixo é o número na classificação] (Alayadi, H., & Mushtaq, S., 2016).

É importante notar que os resultados implicaram uma forte associação entre as despesas de saúde e o estado de saúde desse país, mas isso não reflecte uma relação causal. Uma correlação indica que as variáveis têm um efeito umas sobre as outras, mas não significa que uma variável cause a outra. É necessária mais investigação para testar a causalidade (Alayadi, H., & Mushtaq, S., 2016).

O papel da economia na saúde

Se a oferta induz a procura como regra geral em economia, então, no domínio dos cuidados de saúde, isso significa que, se aumentarmos a prestação de serviços de saúde, isso conduzirá a um aumento da utilização desses serviços. Para explicar melhor, se um sistema de saúde aumentar os serviços de tratamento, isso aumentaria a utilização desses serviços de tratamento e esse sistema de saúde estaria a lidar com mais efeitos secundários, aumentaria a probabilidade de infeção adquirida nos hospitais e aumentaria definitivamente a probabilidade de erros médicos (Folland, Goodman, & Stano, 2007).

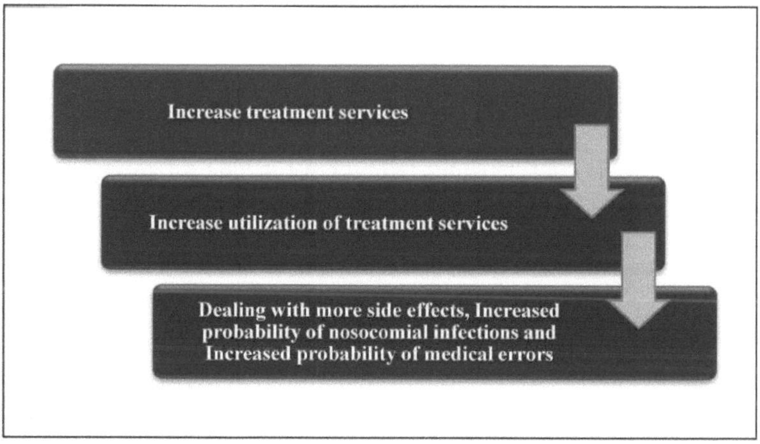

Figura 4-1 A oferta induz a procura

Além disso, a economia da saúde tem a ver com o equilíbrio entre a eficiência e a equidade. Isto significa que o sistema de saúde deve proporcionar uma distribuição equitativa dos serviços de acordo com as necessidades, mas também ter em consideração a eficiência, reduzindo os custos tanto quanto possível sem comprometer a qualidade dos cuidados prestados (Folland et al., 2007).

Efeito das companhias de seguros no sistema de saúde

As companhias de seguros de saúde têm por objetivo aumentar a acessibilidade aos cuidados de saúde através do aumento da cobertura. Os indivíduos ou as entidades patronais pagam franquias anuais para serem cobertos por um determinado montante, com base nos planos de seguro de cada indivíduo (Cutler & Zeckhauser, 2000). Existe um mercado mundial em crescimento para as companhias de seguros. Estas são consideradas empresas que procuram obter lucros e actuam como terceiros ou mediadores entre os prestadores de serviços e os consumidores (pacientes). As companhias de seguros são acionistas. No entanto, o facto de os prestadores de serviços de saúde não serem os pagadores permite que as companhias de seguros sejam intervenientes no mercado da saúde. Assim, as companhias de seguros são manipuladoras. Uma vez que lucram de acordo com a oferta e a procura, o custo dos cuidados de saúde tem sido exacerbado. São necessários mais estudos para avaliar a relação e o efeito dos seguros de saúde nas despesas de saúde (Currie & Madrian, 1999; DeNavas-Walt, 2010).

Conclusão

Este capítulo concluiu o seguinte,

- Os factores que afectam a macroeconomia têm um efeito sobre as despesas de saúde

- Os desafios do sistema de saúde têm um efeito nas despesas de saúde

- As despesas de saúde têm um efeito sobre a saúde e foram apresentados dados internacionais, bem como um estudo de avaliação da relação

- O papel da economia "a oferta induz a procura" tem o mesmo efeito na saúde

Referência

Alayadi, H., & Mushtaq, S. (2016). Avaliar a relação entre as despesas de saúde e o estado de saúde dos países do Golfo Pérsico. Manuscrito submetido para publicação no Health Science Journal (iMedPub -16-464)

Currie, J., & Madrian, B. C. (1999). Health, health insurance and the labor market. Handbook of Labor Economics, 3, 3309-3416.

Cutler, D. M., & Zeckhauser, R. J. (2000). The anatomy of health insurance. Handbook of Health Economics, 1, 563-643.

DeNavas-Walt, C. (2010). Income, poverty, and health insurance coverage in the United States (2005). DIANE Publishing.

Darity, W., & Goldsmith, A. H. (1996). Psicologia social, desemprego e macroeconomia. *The Journal of Economic Perspectives, 10*(1), 121-140.

Davis, K., Stremikis, K., Squires, D., & Schoen, C. (2014). Espelho, espelho na parede, atualização de 2014: como o sistema de saúde dos EUA se compara internacionalmente. *How the Performance of the US Health Care System Compares Internationally (Como o desempenho do sistema de saúde dos EUA se compara internacionalmente). New York: Commonwealth Fund.*

Folland, S., Goodman, A. C., & Stano, M. (2007). *The economics of health and health care* (Vol. 6). Pearson Prentice Hall New Jersey.

Lindbeck, A. (1993). *Unemployment and macroeconomics* (Vol. 3). MIT Press.

Malinvaud, E., Malinvaud, E., Economist, F., Malinvaud, E., & Economiste, F. (1985). *The theory of unemployment reconsidered.* Blackwell Oxford.

Mankiw, N. (2014). *Princípios de macroeconomia*. Cengage Learning.

Obstfeld, M., Rogoff, K. S., & Wren-lewis, S. (1996). *Foundations of international macroeconomics* (Vol. 30). MIT press Cambridge, MA.

Organização, W. H. (2000). *Relatório sobre a saúde no mundo 2000: sistemas de saúde: melhorar o desempenho.* Organização Mundial de Saúde.

Prachowny, M. F. J. (1993). A lei de Okun: Theoretical foundations and revised estimates. *The Review of Economics and Statistics,* 331-336.

Taylor, J. B. (2000). Teaching modern macroeconomics at the principles level. *The American Economic Review, 90(2),* 90-94.

Varian, H. R., & Repcheck, J. (2010). *Microeconomia intermédia: uma abordagem moderna* (Vol. 6). WW Norton & Company Nova Iorque, NY.

CAPÍTULO V
CONCEITOS DE SAÚDE PÚBLICA

A utilização adequada da economia da saúde requer uma perspetiva de saúde pública no planeamento, tendo em consideração o papel da economia nos cuidados de saúde. Este capítulo abordará os seguintes aspectos:

- Princípios de saúde pública
- Critérios de problemas de saúde pública
- Relevância da saúde pública para os modelos de saúde
- Estratégias básicas de promoção da saúde
- Abordagens dos factores de risco comuns

Princípios de saúde pública

A OMS definiu *a saúde pública* como "a ciência e a arte de promover a saúde, prevenir a doença e prolongar a vida através dos esforços organizados da sociedade" (OMS, 1998). Por conseguinte, a saúde pública centra-se na comunidade como um todo, e não nos indivíduos. Por conseguinte, as abordagens de saúde pública devem ser direcionadas para toda a população (Rose, 1992).

O âmbito da saúde pública inclui a avaliação e a monitorização da saúde da comunidade através de estudos epidemiológicos, a fim de identificar problemas e prioridades de saúde pública. Uma das principais formas de ultrapassar um problema de saúde pública identificado é utilizar os dados gerados pelos estudos epidemiológicos e pela investigação para formular políticas a nível comunitário (Detels & Breslow, 2002).

O planeamento e a gestão dos serviços de saúde devem garantir o acesso do público ao sistema de saúde e prestar serviços com uma boa relação custo-eficácia. Isto implica que a economia da saúde desempenha um papel fundamental na saúde pública (Detels & Breslow, 2002).

Critérios de problemas de saúde pública

Os problemas de saúde pública identificados devem ser tratados numa perspetiva de saúde pública de acordo com múltiplos critérios. Em primeiro lugar, os problemas de saúde generalizados e graves devem ser analisados numa perspetiva epidemiológica, obtendo-se os indicadores de prevalência, incidência, morbilidade e mortalidade (Allin, Mossialos, McKee, & Holland, 2004).

Em segundo lugar, os problemas de saúde podem surgir a nível individual ou a nível da sociedade. A perda de anos de vida saudável (HLY) pode ter um efeito a nível individual. O efeito cumulativo de uma doença altamente prevalente pode afetar a produtividade a nível social (Allin et al., 2004).

Em terceiro lugar, o custo de uma doença existente pode ser considerado como um valor monetário. Os custos diretos, indirectos e intangíveis dos problemas de saúde podem afetar os indivíduos, que têm de pagar os custos associados a uma doença. Os encargos da doença ou da enfermidade também envolvem certos custos para uma sociedade, como a perda de produtividade dos seus cidadãos (Allin et al., 2004).

A última questão a considerar é se o problema pode ser prevenido, aliviado ou curado. Todos estes factores podem ser identificados através de investigação baseada em provas. Se um problema de saúde tiver provas de investigação limitadas ou se essas provas não forem fiáveis, qualquer intervenção planeada será uma perda de tempo e de esforço (Allin et al., 2004).

Relevância da saúde pública para os modelos de saúde

As abordagens modernas da saúde pública deixaram de se centrar apenas na doença para se centrarem nos factores políticos, económicos e ambientais que determinam a saúde, de acordo com um modelo psicossocial de saúde (Engel, 1973). Esta mudança na perspetiva da saúde pública ultrapassa a falácia ecológica individual que implica que o que é aplicável a nível individual não é aplicável a nível comunitário e vice-versa (Locker & Slade, 1997; Piantadosi, Byar, & Green, 1988).

A abordagem moderna da saúde pública exige profissionais especializados que possam colaborar com outros sectores. As intervenções efectuadas em sectores não relacionados com a saúde podem ainda assim ter um efeito sobre a saúde e a doença a nível comunitário (Pearce, 1996; Rosen, 1958). A colaboração multi-setorial inclui a agricultura, a educação, a engenharia, etc. e requer a participação da comunidade. A população deve ser incluídos no planeamento de um programa promocional de serviços de saúde (Ashton, Grey, & Barnard, 1986).

Uma vez que o papel central da saúde pública passou a ser a prevenção e não o tratamento (OMS, 1968), os recursos devem ser reafectados aos serviços preventivos. Dado o papel económico da oferta e da procura, um aumento da prestação de serviços preventivos significa que haverá um aumento da utilização desses serviços (Folland, Goodman, & Stano, 2007).

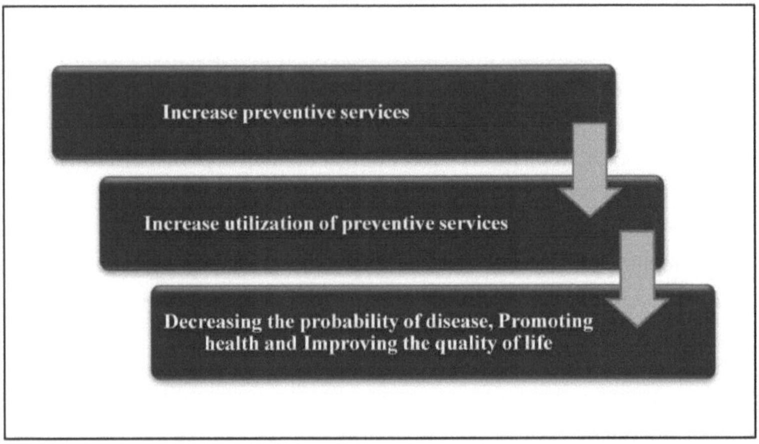

Figura 5-1 A oferta induz a procura

Além disso, a declaração de Alma-Ata incluía a utilização adequada da tecnologia de acordo com as necessidades, os recursos e a distribuição equitativa dos serviços (OMS, 1968).

Estratégias básicas de promoção da saúde

É importante que as estratégias relativas à população-alvo e às questões de alto risco cheguem a toda a comunidade (Rose, 1992). Estas estratégias envolvem sobretudo serviços orientados para os indivíduos que podem não ter um efeito satisfatório a nível comunitário. Este facto pode explicar a razão pela qual a maioria das abordagens de saúde pública a estas questões levadas a cabo pelos sistemas de saúde não têm tido êxito (Rose, 1992). Para assegurar a estratégia da população total e controlar a falácia ecológica individual (Piantadosi et al., 1988; Rose, 1992).

Os princípios da Carta de Otava são utilizados como um quadro para promover a saúde (OMS, 1986). A reforma das políticas e da legislação em matéria de saúde pública envolve todos os sectores, mas visa promover a saúde. Por exemplo, o aumento do imposto sobre o valor acrescentado (IVA) sobre os cigarros num país para reduzir o tabagismo e melhorar a saúde pode ser designado como uma *abordagem a montante* (OMS, 1986).

A criação de um ambiente favorável pode persuadir os indivíduos a escolherem opções saudáveis (OMS, 1986), uma vez que a investigação provou que uma determinada abordagem ao estilo de vida, como um programa de sensibilização para a saúde, é temporária e ineficaz (Fotopoulos, 2000; Graham, 1999; Rose, 1992; Sabbah, Tsakos, Sheiham, & Watt, 2009; Sanders, Spencer, & Slade, 2006; Sheiham, 2000). No entanto, os programas de sensibilização podem levar a um aumento da desigualdade, uma vez que as pessoas que mais beneficiariam de um programa de educação são aquelas que têm um elevado nível de educação e que já gozam de boa saúde. Sabe-se que as pessoas menos instruídas já têm níveis de doença mais elevados numa comunidade e que as pessoas com um estatuto socioeconómico mais elevado têm melhor saúde. Isto implica que um programa de sensibilização beneficia sobretudo aqueles que menos precisam dele (Sabbah et al., 2009; Sanders et al., 2006).

O reforço da participação da comunidade no domínio da saúde, no âmbito da colaboração multissectorial, pode conferir poder à população enquanto parte interessada. As pessoas devem ser incluídas como uma prioridade no planeamento e na execução de um programa de promoção da saúde (OMS, 1986).

Desenvolver competências pessoais para além do conhecimento e da prática. Apoiar o desenvolvimento individual, tanto a nível social como individual. Além disso, adotar as competências necessárias para promover a saúde como uma medida eficaz em termos de custos (OMS, 1986).

A reorientação dos serviços de saúde para a prevenção (OMS, 1986) não elimina a necessidade de serviços de tratamento. Em vez disso, dá ênfase à avaliação correta do tratamento necessário e distribui os serviços de acordo com as necessidades do público (Jordan, Dowswell, Harrison, Lilford, & Mort, 1998; Wright, Williams, & Wilkinson, 1998).

Reproduced from WHO. (1986). *The Ottawa Charter for Health Promotion*

Figura 5-2 Princípios da Carta de Ottawa

Conclusão

Este capítulo concluiu o seguinte:

- A abordagem moderna da saúde pública segue o modelo de saúde psicossocial e centra-se nos determinantes da saúde.

- Os princípios da Carta de Otava fornecem um quadro que pode ser utilizado para formular intervenções de saúde pública, centrando-se principalmente em abordagens a montante que restringem a atenção à população visada.

- A ênfase na colaboração multi-setorial requer a melhoria das comunicações entre os diferentes sectores.

- Os serviços de tratamento devem ser prestados de acordo com as necessidades avaliadas, enquanto os serviços de prevenção são prestados de acordo com a procura.

Referência

Allin, S., Mossialos, E., McKee, M., & Holland, W. W. (2004). Tomada de decisões sobre saúde pública: uma análise de oito países.

Ashton, J., Grey, P., & Barnard, K. (1986). Healthy cities-WHO's new public health initiative (Cidades saudáveis - a nova iniciativa de saúde pública da OMS). *Health Promotion International, 1*(3), 319-324.

Detels, R., & Breslow, L. (2002). Âmbito e preocupações actuais em saúde pública. *Oxford Textbook of Public Health, 1,* 3-20.

Engel, G. L. (1973). Atributos duradouros da medicina relevantes para a formação do médico. *Annals of Internal Medicine, 78*(4), 587-593.

Folland, S., Goodman, A. C., & Stano, M. (2007). *The economics of health and health care* (Vol. 6). Pearson Prentice Hall New Jersey.

Fotopoulos, T. (2000). As limitações das estratégias de estilo de vida: O "movimento" das ecoaldeias NÃO é o caminho para uma nova sociedade democrática. *Democracy & Nature, 6*(2), 287-308.

Graham, H. (1999). Promoting health against inequality: using research to identify targets for intervention - a case study of women and smoking. *Health Education Journal, 57*(4), 292-302.

Jordan, J., Dowswell, T., Harrison, S., Lilford, R. J., & Mort, M. (1998). Avaliação das necessidades de saúde: Whose priorities? Listening to users and the public. *British Medical Journal, 316*(7145), 1668.

Locker, D., & Slade, G. D. (1997). Concepts of oral health, disease and the quality of life (Conceitos de saúde oral, doença e qualidade de vida). *Measuring Oral Health and Quality of Life,* 11-24.

Pearce, N. (1996). Traditional epidemiology, modern epidemiology, and public health (Epidemiologia tradicional, epidemiologia moderna e saúde pública). *American Journal of Public Health, 86*(5), 678-683.

Piantadosi, S., Byar, D. P., & Green, S. B. (1988). The ecological fallacy. *American Journal of Epidemiology, 127(5),* 893-904.

Rose, G. (1992). A estratégia da medicina preventiva. *A Estratégia da Medicina Preventiva.*

Rosen, G. (1958). Uma história da saúde pública.

Sabbah, W., Tsakos, G., Sheiham, A., & Watt, R. G. (2009). The role of health-related behaviors in the socioeconomic disparities in oral health (O papel dos comportamentos relacionados com a saúde nas disparidades socioeconómicas na saúde oral). *Social Science & Medicine, 68*(2), 298-303.

Sanders, A. E., Spencer, A. J., & Slade, G. D. (2006). Avaliar o papel do comportamento dentário nas desigualdades em matéria de saúde oral. *Community Dentistry and Oral Epidemiology, 34(1),* 71-79.

Sheiham, A. (2000). Improving oral health for all: focusing on determinants and conditions (Melhorar a saúde oral para todos: focando determinantes e condições). *Health Education Journal, 59*(4), 351-363.

OMS. (1968). *Declaração de Alma-Ata.* Obtido de

http ://www.who.int/publications/

OMS. (1986). *A Carta de Otava para a Promoção da Saúde.*

OMS. (1998). Glossário de promoção da saúde.

Wright, J., Williams, R., & Wilkinson, J. R. (1998). Desenvolvimento e importância da avaliação das necessidades de saúde. *British Medical Journal, 316*(7140), 1310.

CAPÍTULO VI
APLICAÇÃO DA ECONOMIA DA SAÚDE NUMA PERSPECTIVA DE SAÚDE PÚBLICA

As teorias podem influenciar a compreensão de uma situação, fornecendo um enquadramento, mas é essencial aplicá-las para atingir o objetivo pretendido. Este capítulo apresenta um plano de ação para utilizar a economia da saúde numa perspetiva de saúde pública, incluindo

- Quadro do Plano de Ação
- Avaliação exaustiva das necessidades de saúde
- Abordagens dos cuidados de saúde públicos
- Abordagem do fator de risco comum
- Ajustes no sistema de saúde

Quadro do Plano de Ação

Os cuidados de saúde públicos têm por objetivo reduzir a doença, promover a saúde e melhorar a qualidade de vida (Locker & Gibson, 2006). Como os recursos de saúde são geralmente limitados, a afetação de recursos deve ser prioritária (Folland, Goodman, & Stano, 2007). É crucial controlar a procura nos serviços de saúde através de uma afetação adequada dos recursos. Assim, um quadro de plano de ação para utilizar a economia da saúde numa perspetiva de saúde pública deve empregar abordagens cumulativas (Hurst et al., 2013), incluindo uma avaliação exaustiva das necessidades de saúde, uma abordagem de saúde pública, uma abordagem dos factores de risco comuns e ajustamentos do sistema de saúde.

Avaliação exaustiva das necessidades de saúde

Uma avaliação das necessidades de saúde é um método sistemático de identificação das necessidades de cuidados de saúde não satisfeitas de uma população e das mudanças necessárias para satisfazer essas necessidades. Para tal, é necessário compreender as necessidades de uma população, estabelecer prioridades de acordo com as comunidades ou grupos locais, planear serviços e promover um programa de saúde (Wright, Williams, & Wilkinson, 1998). Uma avaliação das necessidades de saúde também ajuda a monitorizar os serviços.

Os passos seguintes são utilizados para criar o quadro de uma avaliação exaustiva das necessidades de saúde:

- Estabelecer metas e objectivos
- Avaliação do impacto das condições nos indivíduos
- Rever os serviços actuais
- Rever os actuais programas de promoção dos cuidados de saúde
- Analisar e interpretar dados
- Recomendações e plano de ação

Estabelecer metas e objectivos

Como em qualquer projeto, a definição de objectivos e metas deve seguir o plano SMART. Os objectivos devem ser específicos (S) quando se especificam as condições e os locais para avaliar os vários grupos populacionais. Os objectivos devem ser mensuráveis (M), a fim de construir um plano de ação e avaliar a sua eficácia. Os objectivos devem ser atribuíveis (A) ou orientados para as tarefas, especificando quem irá executar cada tarefa. Os objectivos devem ser realistas (R) e realizáveis utilizando as competências e os recursos gerais disponíveis. Por último, os objectivos devem ser definidos dentro de um prazo específico (T), com uma data de início, uma data de fim e uma linha de tempo específicas (Richard, Potvin, Kishchuk, Prlic, & Green, 1996).

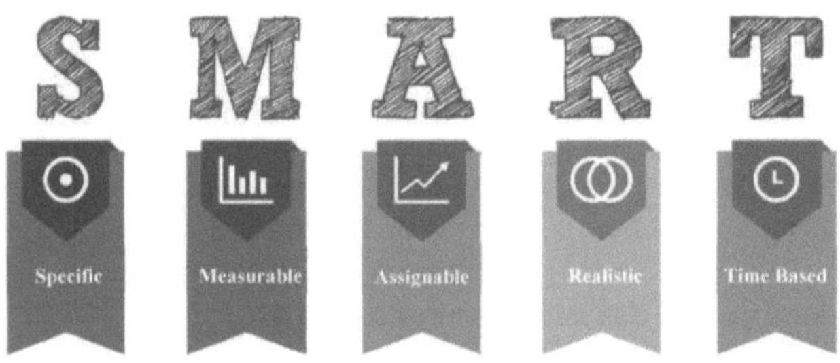

Figura 6-1 Os critérios de definição de metas e objectivos

Avaliação do impacto das condições nas pessoas

Uma avaliação da doença envolve dois aspectos: uma avaliação clínica e a avaliação do impacto da doença na vida quotidiana do indivíduo. A avaliação clínica avalia a extensão e a gravidade de uma doença com base nos dados existentes e identifica a necessidade de mais dados que podem ser recolhidos através de inquéritos epidemiológicos ou testes de diagnóstico clínico (Donaldson & Mooney, 1991). A avaliação do impacto das doenças na vida quotidiana dos indivíduos também envolve a revisão dos dados existentes e a identificação das necessidades de informação adicional. Os dados relativos ao impacto na vida quotidiana podem ser recolhidos através de medidas de qualidade de vida relacionadas com a saúde ou de estudos qualitativos, como entrevistas individuais. Os dados utilizados em ambas as avaliações devem ser válidos e fiáveis para responder a todos os tipos de necessidades, incluindo as necessidades sentidas, não expressas e normativas, com base no julgamento profissional, utilizando instrumentos de diagnóstico clínico (Bradshaw, 1972).

Revisão dos serviços actuais

Depois de avaliar o impacto de uma doença a nível individual, a disponibilidade de cuidados de saúde deve ser avaliada para determinar a relevância, a extensão e a gravidade dos serviços necessários. Estes serviços devem ser prestados exatamente de acordo com as necessidades, nem mais nem menos. Os serviços de cuidados de saúde podem ser avaliados através da análise dos dados existentes sobre a mão de obra, as tecnologias disponíveis, as competências, o desempenho, os métodos de remuneração, a distribuição dos serviços e os resultados dos serviços (Wright et al., 1998).

Rever os actuais programas de promoção da saúde

Depois de avaliar os serviços que representam uma estratégia a jusante dirigida aos indivíduos numa perspetiva de saúde pública, as doenças devem ser avaliadas a nível da população, utilizando uma avaliação epidemiológica da doença e identificando os programas de saúde pública existentes dirigidos à doença específica ou a um grupo de doenças (Detels & Breslow, 2002). Os programas de promoção da saúde devem ser avaliados de acordo com:

- Metas e objectivos existentes
- Tipos de intervenção (estratégias de grupo ou de população total)
- A eficácia da intervenção proposta com base nos dados da literatura
- A eficácia dos serviços com base no nível de doença antes e depois da implementação de um programa de saúde pública
- A aceitabilidade do programa, tanto do ponto de vista público como político

Analisar e interpretar dados

Todos os dados recolhidos devem ser processados para produzir dados unificados que representem tanto o indivíduo como a população. Os dados gerados devem corresponder às metas e objectivos estabelecidos para o programa. Mais importante ainda, os dados devem ser utilizados para identificar necessidades não satisfeitas (principalmente condições de saúde pública) e oportunidades para melhorar os serviços de saúde (Wright et al., 1998). Para mais informações, consultar os critérios de saúde pública no Capítulo Cinco.

Recomendações e plano de ação

As recomendações e o plano de ação devem basear-se em provas da literatura. Além disso, as recomendações devem visar as necessidades não satisfeitas de acordo com os recursos disponíveis (recomenda-se uma análise económica nesta fase). O plano de ação deve cumprir os objectivos de uma forma realista, com resultados mensuráveis e funções, responsabilidades e especificações temporais claramente identificadas.

Abordagens dos cuidados de saúde públicos

Uma avaliação das necessidades de saúde é essencial para identificar as necessidades não satisfeitas e conceber um plano de ação para as satisfazer, melhorando a saúde da população com a máxima eficiência. As avaliações das necessidades de saúde não só avaliam os serviços, mas também as necessidades da população. Por conseguinte, a identificação dos factores determinantes da doença faz parte da avaliação de qualquer programa de saúde pública (Wright et al., 1998).

Deve ser planeado e executado um programa de saúde pública com base nas abordagens de saúde pública ilustradas anteriormente no Capítulo Cinco. O programa deve:

- Ser dirigido à população total

- Centrar-se nos factores determinantes da doença e da saúde, nos factores sociais e ambientais para reduzir as desigualdades em matéria de saúde

- Seguir os princípios da Carta de Otava como um quadro eficaz

Abordagem do fator de risco comum

Os factores de risco ambientais, sociais e psicológicos comuns devem ser avaliados para abordar mais do que uma questão e reduzir o nível global de doença em toda a população (Sheiham & Watt, 2000). Considera-se que uma abordagem de factores de risco comuns é a aplicação prática da colaboração multissectorial, evitando a duplicação de intervenções ou serviços (Sheiham & Watt, 2000).

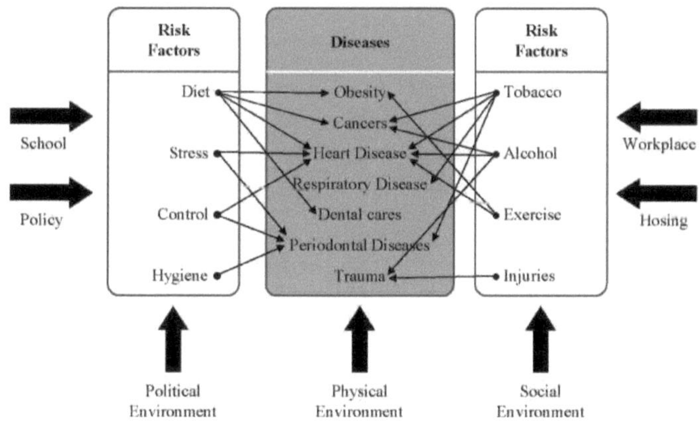

Reproduced from, Sheiham, Aubrey, and Richard Geddie Watt. "The common risk factor approach: a rational basis for promoting oral health." Community dentistry and oral epidemiology 28.6 (2000): 399-406.

Figura 6-2 Abordagem do fator de risco comum

Ajustes no sistema de saúde

Os cuidados de saúde públicos modernos passaram a centrar-se na prevenção e nos aspectos positivos da saúde, em vez de na doença e no tratamento (Locker & Gibson, 2006). Este facto exige um ajustamento dos sistemas de saúde, mas não um processo de transformação que resulte numa perda de tempo, de recursos ou de qualidade dos serviços (Maynard, 1991).

A economia da saúde desempenha um papel importante na adaptação do sistema de saúde às mudanças políticas e económicas no mercado dos cuidados de saúde. Esses ajustamentos podem incluir a alteração do sistema de remuneração com bónus marginais para os profissionais de saúde que prestam serviços preventivos, se o sistema de remuneração se basear no salário. Em alternativa, um sistema de remuneração por serviços semelhante ao do sector privado poderia incorporar apoio governamental para induzir o sector dos cuidados de saúde a prestar serviços preventivos (Maynard, 1991). Mais importante ainda, as companhias de seguros devem ser supervisionadas a um nível superior para garantir que não estão a manipular o mercado dos cuidados de saúde (Maynard, 1991).

Outra abordagem ao ajustamento do sistema de saúde envolve a colaboração entre diferentes sectores. A saúde pública não é apenas da responsabilidade do sector da saúde, mas a orientação dos programas de saúde através de uma colaboração adequada com outros sectores é uma responsabilidade primordial do sector da saúde (Maynard, 1991).

Conclusão

O fluxograma abaixo representa a conclusão deste capítulo

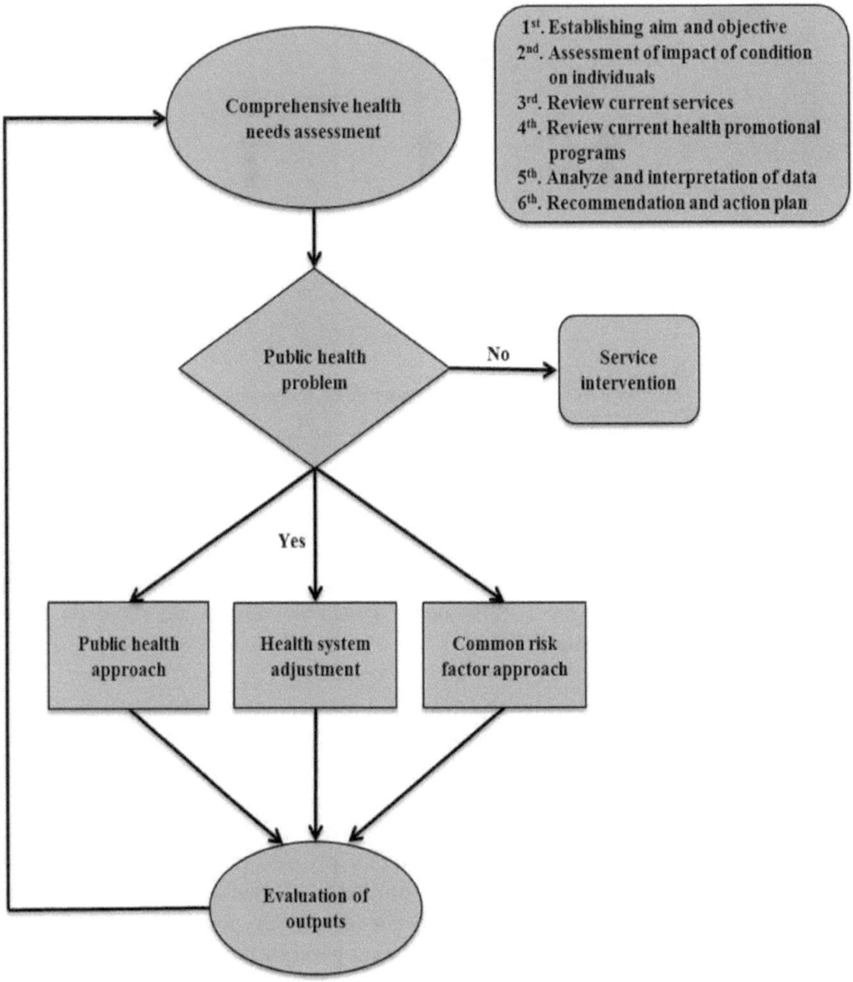

Referência

Bradshaw, J. (1972). O conceito de necessidade social. *New Society, 30*(3), 72.

Detels, R., & Breslow, L. (2002). Âmbito e preocupações actuais em saúde pública. *Oxford Textbook of Public Health, 1,* 3-20.

Donaldson, C., & Mooney, G. (1991). Needs assessment, priority setting, and contracts for health care: an economic view. *BMJ, 303*(6816), 1529-1530.

Folland, S., Goodman, A. C., & Stano, M. (2007). *The economics of health and health care* (Vol. 6). Pearson Prentice Hall New Jersey.

Hurst, L., Stafford, M., Cooper, R., Hardy, R., Richards, M., & Kuh, D. (2013). Desigualdades socioeconómicas ao longo da vida no envelhecimento físico e cognitivo. *American Journal of Public Health, 103*(9), 1641-1648.

Locker, D., & Gibson, B. (2006). O conceito de saúde positiva: A review and commentary on its application in oral health research. *Community Dentistry and Oral Epidemiology, 34(3),* 161-173. http://doi.org/10.1111/j.1600- 0528.2006.00263.x

Maynard, A. (1991). Developing the health care market. *The Economic Journal, 101*(408), 1277-1286.

Richard, L., Potvin, L., Kishchuk, N., Prlic, H., & Green, L. W. (1996). Assessment of the integration of the ecological approach in health promotion programs (Avaliação da integração da abordagem ecológica em programas de promoção da saúde). *American Journal of Health Promotion, 10*(4), 318-328.

Sheiham, A., & Watt, R. G. (2000). A abordagem do fator de risco comum: uma base racional para a promoção da saúde oral. *Community Dentistry and Oral Epidemiology, 28(6),* 399-406.

Wright, J., Williams, R., & Wilkinson, J. R. (1998). Desenvolvimento e importância da avaliação das necessidades de saúde. *British Medical Journal, 316*(7140), 1310.

CAPÍTULO VII
SAÚDE ORAL E ECONOMIA DA SAÚDE

A saúde oral faz parte da saúde geral. No entanto, há uma tendência para favorecer mais a saúde geral do que a saúde oral, especialmente quando se planeiam programas de cuidados de saúde, uma vez que a saúde oral é geralmente considerada menos importante. Este capítulo discute as razões para prestar atenção à saúde oral. A discussão inclui:

- Razões para promover a saúde oral
- Saúde oral e economia da saúde

Razões para promover a saúde oral

A saúde oral foi definida pelo Departamento de Saúde em Inglaterra como "o padrão de saúde dos tecidos orais e relacionados que permite aos indivíduos comer, falar e socializar sem doença ativa, desconforto ou embaraço e que contribui para o bem-estar geral" (Watt & Sheiham, 1999).

Esta definição de saúde oral está em consonância com a definição de saúde. Como a saúde oral faz parte da saúde geral, existe uma ligação entre a doença oral e outras doenças sistemáticas. Embora a doença oral possa não parecer uma ameaça à vida, por vezes é-o de facto (Sheiham & Watt, 2000; Watt & Sheiham, 1999).

A falácia de que as doenças orais não constituem uma ameaça para a vida impediu que se tornassem uma prioridade política no âmbito da saúde pública moderna. Embora a cárie dentária seja considerada a doença mais prevalente e o seu tratamento seja dispendioso (até 10% das despesas gerais de saúde), apenas 10% da população é tratada (Sheiham, 2005; OMS, 2003). A cárie dentária é considerada uma doença evitável (Locker & Slade, 1997) e a prevenção pode ser considerada uma abordagem muito eficaz em termos de custos.

A cárie também está associada ao estatuto, uma vez que os indivíduos com um estatuto socioeconómico mais baixo têm maior probabilidade de ter cáries. Isto levanta a questão de reduzir as desigualdades e melhorar o estatuto socioeconómico geral, para incluir a saúde oral (Watt & Sheiham, 1999).

A doença periodontal, por outro lado, refere-se à inflamação dos tecidos moles ou duros que suportam os dentes. Até 20% das pessoas de meia-idade sofrem de doença periodontal, segundo a OMS (Petersen, Bourgeois, Ogawa, Estupinan-Day, & Ndiaye, 2005). Esta doença está também associada a complicações sistémicas, como as doenças cardiovasculares ou a diabetes, e alguns tratamentos dentários podem induzir bacteriemia em indivíduos com doença sistémica (Petersen et al., 2005).

Estudos sobre o efeito e a frequência de erros em clínicas odontológicas são restritos (Perea-Pérez, Santiago-Sâez, Garcia-Marin, Labajo-Gonzâlez, & Villa-Vigil, 2011). As razões podem ser atribuídas à regressão da medicina dentária quando comparada com outros profissionais de saúde. A ausência de estudos pode também dever-se à gravidade mínima dos danos produzidos pelos problemas de saúde oral ou ao facto de as clínicas dentárias serem maioritariamente frequentadas por doentes em ambulatório ou por doentes em regime de internamento. Por conseguinte, os acontecimentos adversos são difíceis de detetar. Além disso, a natureza da maioria das clínicas dentárias é fundamentalmente privada, tornando menos provável a notificação de acontecimentos adversos. A profissão de dentista é diversificada, proporcionando oportunidades limitadas de aprendizagem (Perea-Pérez et al., 2011). Hofer (2002) afirmou que, embora os erros nos cuidados dentários se devam a decisões incorrectas ou a um tratamento deficiente, a ocorrência de erros é, na maioria dos casos, atribuída a factores contributivos sistémicos, o que pode levar a erros sequenciais que acabariam por prejudicar o doente (Hofer & Hayward, 2002).

Todos estes factores e outros indicam a importância da colaboração no âmbito dos cuidados de saúde e com outros sectores. A luta contra as doenças orais é tão importante como a luta contra outras doenças.

Saúde oral e economia da saúde

Como mencionado anteriormente, o tratamento da cárie dentária representa até 10% das despesas gerais de saúde, com 90% da população sem tratamento (OMS, 2003). No entanto, estas estatísticas referem-se apenas à cárie dentária e não a outras doenças orais. A prevenção das doenças orais através de abordagens de saúde pública exige que a abordagem do fator de risco comum se centre na prevenção e em medidas eficazes em termos de custos (Sheiham, 2005).

Referência

Hofer, T. P., & Hayward, R. A. (2002). Os maus resultados de decisões clínicas questionáveis são erros médicos evitáveis? Um caso de iatrogénese em cascata. *Annals of Internal Medicine, 137*(5_Part_1), 327-333.

Locker, D., & Slade, G. D. (1997). Concepts of oral health, disease and the quality of life (Conceitos de saúde oral, doença e qualidade de vida). *Measuring Oral Health and Quality of Life,* 11-24.

Perea-Pérez, B., Santiago-Sâez, A., Garcia-Marin, F., Labajo-Gonzâlez, E., & Villa-Vigil, A. (2011). Segurança do paciente em medicina dentária: plano de gestão de risco de cuidados dentários. *Med Oral Patol Oral Cir Bucal, 16(6),* e805-9.

Petersen, P. E., Bourgeois, D., Ogawa, H., Estupinan-Day, S., & Ndiaye, C. (2005). O peso global das doenças orais e os riscos para a saúde oral. *Boletim da Organização Mundial de Saúde, 83(9),* 661-669.

Sheiham, A. (2005). Saúde oral, saúde geral e qualidade de vida. *Boletim da Organização Mundial de Saúde, 83*(9), 644.

Sheiham, A., & Watt, R. G. (2000). A abordagem do fator de risco comum: uma base racional para a promoção da saúde oral. *Community Dentistry and Oral Epidemiology, 28(6),* 399-406.

Watt, R., & Sheiham, A. (1999). Política de saúde: Inequalities in oral health: a review of the evidence and recommendations for action. *British Dental Journal, 187(1),* 6-12.

OMS. (2003). Factos sobre doenças dentárias e saúde oral: Estratégia global sobre alimentação, atividade física e saúde. Recuperado de http : //www.who.int/oral_health/publications/en/orh_fact_sheet.pdf

MIX
Papier aus verantwortungsvollen Quellen
Paper from responsible sources
FSC® C105338

Printed by Books on Demand GmbH, Norderstedt / Germany